LOS ESTADOS MENTALES

SIENTO AMOR

POR STEPHANIE FINNE

BLUE OWL
EN ESPAÑOL

TIPS PARA LOS MAESTROS Y LOS PADRES DE FAMILIA

El aprendizaje social y emocional (SEL, por sus siglas en inglés) les ayuda a los niños a manejar sus emociones, crear y lograr metas, conservar relaciones, aprender cómo sentir empatía y tomar buenas decisiones. El abordaje de SEL ayudará a que los niños establezcan hábitos positivos en la comunicación, cooperación y en la toma de decisiones. Mediante la incorporación de SEL en la lectura temprana, los niños estarán mejor equipados para desarrollar y fortalecer la confianza en ellos mismos y fomentar redes sociales positivas con sus compañeros.

ANTES DE LA LECTURA

Hable con el lector o la lectora sobre el amor. Explíquele que el amor es un sentimiento de afecto y respeto.

Analicen: ¿Cómo se siente el amor para ti? ¿Qué acciones y palabras hacen que sientas que te aman? ¿Cómo les demuestras amor a los demás?

DESPUÉS DE LA LECTURA

Hable con el lector o la lectora sobre la autoestima y la empatía. Explíquele que estas ayudan a aumentar el amor propio.

Analicen: ¿Cómo puedes aumentar tu amor propio? ¿Cuáles son algunas de las cosas que puedes hacer para compartir empatía?

LA META SEL

Puede que a algunos estudiantes les cueste relacionarse. Quizá necesiten que se les estimule a reflexionar sobre cómo piensan y qué sienten los demás. Ayúdeles a identificar lo que a ellos los hace sentir amados. Luego, ayúdeles a pensar en cómo los demás pueden desear que se les demuestre amor.

TABLA DE CONTENIDO

CAPÍTULO 1
Sentir amor 4

CAPÍTULO 2
Amarse uno mismo 10

CAPÍTULO 3
Comparte amor 16

METAS Y HERRAMIENTAS
Crece con las metas 22
¡Prueba esto! 22
Glosario 23
Para aprender más 23
Índice 24

CAPÍTULO 1

SENTIR AMOR

¿Has sentido amor? Tal vez lo sientes cuando tu mascota desea que la acaricies. El amor hace que nos sintamos cariñosos y felices. Puede hacernos sentir a salvo y protegidos. También puede hacernos sentir orgullo y **confianza**. ¡Todas estas **emociones** y estos sentimientos son positivos!

El amor es tener un fuerte **afecto** por alguien o algo. Puede basarse en la confianza, el respeto, la amabilidad o en intereses similares. Puedes amar muchas cosas. Y el amor puede venir de muchas personas.

CAPÍTULO 1   5

El amor se puede decir con palabras. Les decimos a quienes amamos y en quienes confiamos: "¡Te amo!". También se puede demostrar con acciones. Carlos le demuestra amor a su padre con un abrazo.

NIVELES DE CERCANÍA

Nos sentimos más cercanos a algunas personas, porque sabemos que estamos a salvo con ellas y que nos quieren. ESTÁ BIEN darles abrazos a estas personas. Otras formas de demostrar amor y respeto incluyen chocar los cinco o dar la mano.

Algunas personas demuestran su amor haciendo cosas bonitas por otros. Otras personas sienten amor cuando pasan **tiempo de calidad** juntos. ¿Qué te hace sentir que te aman?

CAPÍTULO 1

CAPÍTULO 2

AMARSE UNO MISMO

Nos sentimos bien cuando alguien nos ama. También es importante que te ames. Amarte te da seguridad para tener confianza y probar cosas nuevas. También te ayuda a demostrar amor a los demás.

Cosas que hago bien:
Incluyo a los demás.
Doy las gracias.
Ayudo en casa.
Me va bien en matemáticas.

Hay muchas maneras de lograr amarte. Puedes hacer una lista de tus fortalezas y **rasgos** positivos. Incluye cosas, como la amabilidad, la honestidad y el respeto. Reconocer estas fortalezas y estos rasgos te ayudará a fortalecer tu propia confianza y **amor propio**.

Respetar tu cuerpo es parte del amor propio. Trátalo bien. ¿Cómo? Come alimentos saludables. Bebe agua. Duerme mucho y haz ejercicio también. Cuando tratas tu cuerpo bien, le demuestras amor y respeto.

Haz un gran esfuerzo por amarte. ¿Qué significa esto? Empújate para alcanzar tus **metas**. Cree en tus habilidades. Los **contratiempos** ocurren. ¡Dite que puedes lograrlo! Esto te ayudará a desarrollar confianza. Cuando sientes confianza, sientes orgullo. ¡Esto ayuda a que te ames!

HÁBLATE CON CARIÑO

Puede ser fácil sentirse mal con uno mismo. Cuando eso sucede, háblate como lo haces con tus amigos cuando ellos se sienten mal. Usa **afirmaciones** positivas. Dite: "¡La gente me quiere!", "Creo en mis capacidades" y "¡Soy especial!".

CAPÍTULO 3

COMPARTE AMOR

¡Puedes ayudar a otros a sentir amor! ¿Cómo? Demuéstrales respeto y amabilidad. Incluye a los demás, y túrnense. Comparte algo que tengas con alguien más.

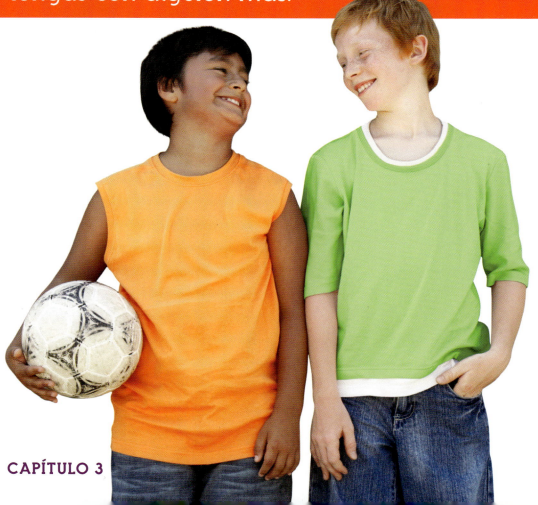

Hazles saber a los demás sus fortalezas. Cuando tus amigos y familiares hagan un buen trabajo, díselos. Discúlpate cuando no hayas demostrado amor. Aprende a perdonar a los demás.

Otra forma de compartir amor con uno mismo y con los demás es practicando la **gratitud**. Piensa bien acerca de qué hace que sientas agradecimiento en tu vida. Puede que agradezcas un pijama caliente o un día soleado.

También les puedes demostrar gratitud a los demás. Da las gracias. Diles a tus padres que **aprecias** lo que hacen por ti.

RESPETA A LOS DEMÁS

Cada persona puede ver el amor de distinta manera. Por ejemplo, puede que a ti te gusten los abrazos, pero a tu amiga, no. Respeta los deseos de los demás cuando demuestres tu amor.

CAPÍTULO 3 19

Demuestra tu amor ayudando a los demás. En tu salón de clases, puedes ayudar con el orden. Sheila ayuda a su **comunidad** llevando comida al banco de alimentos. ¿Cómo sientes y demuestras amor?

METAS Y HERRAMIENTAS

CRECE CON LAS METAS

Cada persona puede ver el amor de distintas maneras. Una parte de demostrar amor es respetar los deseos de los demás y demostrar amabilidad. Prueba estas cosas para construir relaciones amorosas.

Meta: Identifica qué hace que sientas que te aman. ¿Es cuando te sientes a salvo? ¿Es cuando sientes que te cuidan? Haz una lista de las cosas que te hacen sentir que te aman.

Meta: Habla con tus amigos acerca de qué significa el amor para ellos. Pregúntales qué los hace sentirse amados. Presta especial atención a la respuesta de tus amigos.

Meta: Compartir generosidad. Esto podría incluir abrirle la puerta a alguien o trabajar de manera voluntaria. Puede ser tan sencillo como sonreírle a alguien. Compartir amabilidad es compartir amor.

¡PRUEBA ESTO!

Empieza un diario de gratitud. Cada día, piensa en algo por lo que sientes agradecimiento. Escríbelo o dibújalo en el diario, aunque te parezca poco importante. Vuelve a leer tus entradas cada semana. ¿Cómo te hace sentir esto?

GLOSARIO

afecto
Amor por alguien o algo que te es familiar.

afirmaciones
Cosas que nos decimos repetidamente en voz alta o en nuestros pensamientos.

amor propio
Aprecio por el propio bienestar y la propia felicidad.

aprecias
Disfrutas o valoras a alguien o algo.

comunidad
Un grupo de personas que tienen todas algo en común.

confianza
Sentimiento de seguridad en uno mismo y una fuerte creencia en las propias habilidades.

contratiempos
Problemas que te atrasan o que te impiden progresar.

emociones
Sentimientos, tales como la alegría, la tristeza o el enojo.

gratitud
Un sentimiento de agradecimiento.

metas
Cosas que te propones hacer.

rasgos
Cualidades o características que hacen que la gente sea diferente una de la otra.

tiempo de calidad
Tiempo que uno pasa con otra persona dándole atención sin distracciones.

PARA APRENDER MÁS

Aprender más es tan fácil como contar de 1 a 3.

1. Visita www.factsurfer.com
2. Escribe "**Sientoamor**" en la caja de búsqueda.
3. Elige tu libro para ver una lista de sitios web.

METAS Y HERRAMIENTAS

ÍNDICE

a salvo 4, 7
abrazo 7, 19
afecto 5
afirmaciones 14
amabilidad 5, 11, 16
amor propio 11, 13
aprecias 19
cariñosos 4
chocar los cinco 7
compartir 16, 18
comunidad 20
confianza 4, 5, 7, 10, 11, 14
confías 7
cuerpo 13
dar la mano 7
discúlpate 17
duerme 13
ejercicio 13
felices 4
metas 14
orgullo 4, 14
palabras 7
perdonar 17
rasgos 11
respeto 5, 7, 11, 13, 16, 19
tiempo de calidad 8

Blue Owl Books are published by Jump!, 5357 Penn Avenue South, Minneapolis, MN 55419, www.jumplibrary.com

Copyright © 2021 Jump! International copyright reserved in all countries. No part of this book may be reproduced in any form without written permission from the publisher.

Library of Congress Cataloging-in-Publication Data
Names: Finne, Stephanie, author.
Title: Siento amor / por Stephanie Finne.
Other titles: I feel love. Spanish
Description: Minneapolis: Jump!, Inc., [2021] | Series: Los estados mentales
Includes index. | Audience: Grades 2–3
Identifiers: LCCN 2020020983 (print)
LCCN 2020020984 (ebook)
ISBN 9781645276883 (hardcover)
ISBN 9781645276890 (paperback)
ISBN 9781645276906 (ebook)
Subjects: LCSH: Love in children—Juvenile literature.
Classification: LCC BF723.L69 F5618 2021 (print)
LCC BF723.L69 (ebook) | DDC 155.4/1241—dc23

Editor: Jenna Gleisner
Designer: Molly Ballanger
Translator: Annette Granat

Photo Credits: Roman Samborskyi/Shutterstock, cover; Krakenimages.com/Shutterstock, 1; Ronnachai Palas/Shutterstock, 3; Phichat Phruksarojanakun/Shutterstock, 4; LumiNola/iStock, 5; SDI Productions/iStock, 6–7, 20–21; FG Trade/iStock, 8–9; nakaridore/Shutterstock, 10; TrinsetWRP/Shutterstock, 11; SolStock/iStock, 12–13; antoniodiaz/Shutterstock, 14–15; Birgid Allig/Corbis/Getty, 16; Vereshchagin Dmitry/Shutterstock, 17 (background); Image_Source_/iStock, 17 (foreground); RgStudio/iStock, 18–19.

Printed in the United States of America at Corporate Graphics in North Mankato, Minnesota.

METAS Y HERRAMIENTAS